THE DARKER F..CK YOU

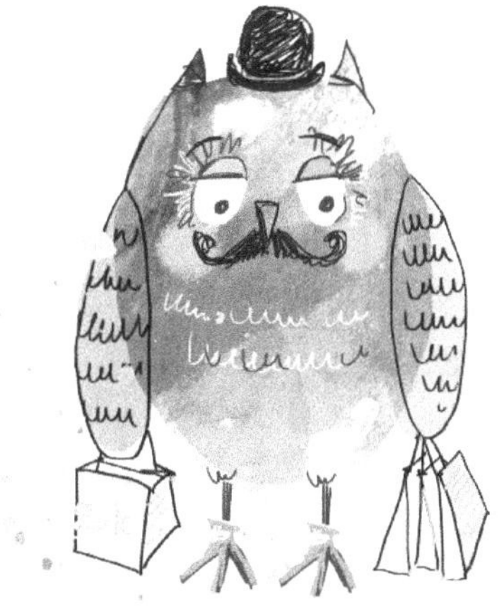

Funny Swear Worlds Coloring Book for Release Stress

REDDY Pinky

ENJOY !!!

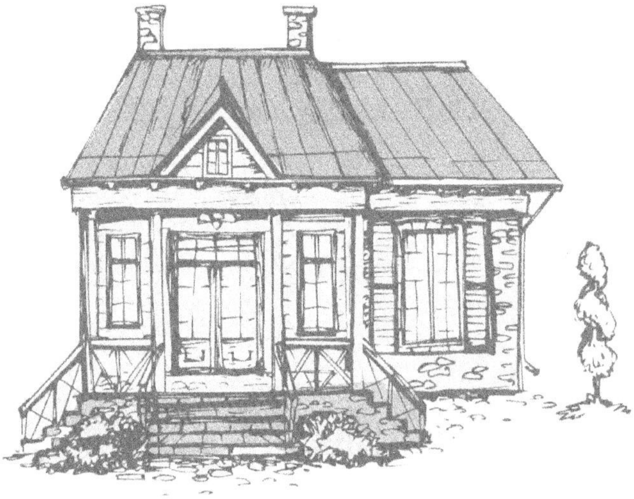

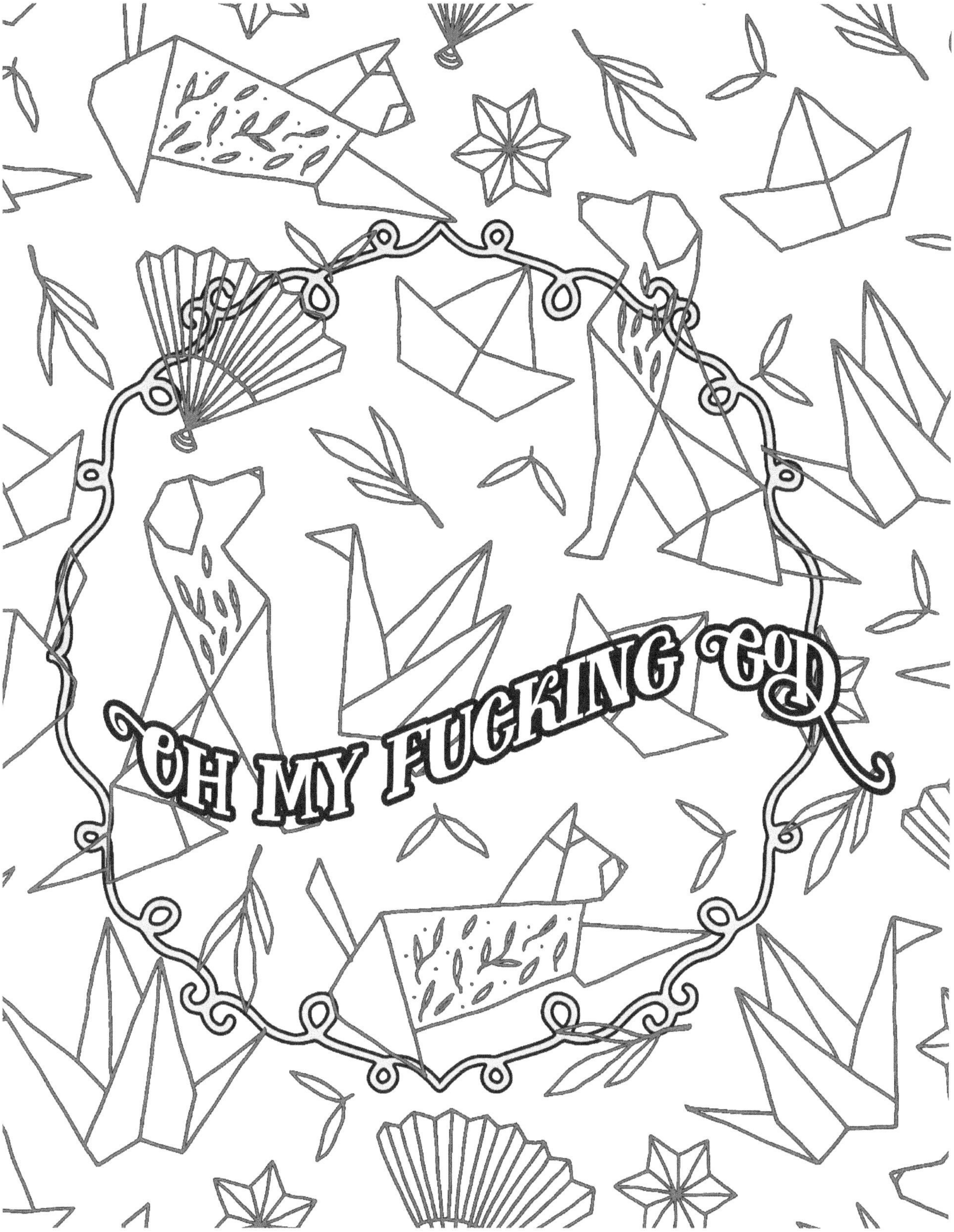
OH MY FUCKING GOD

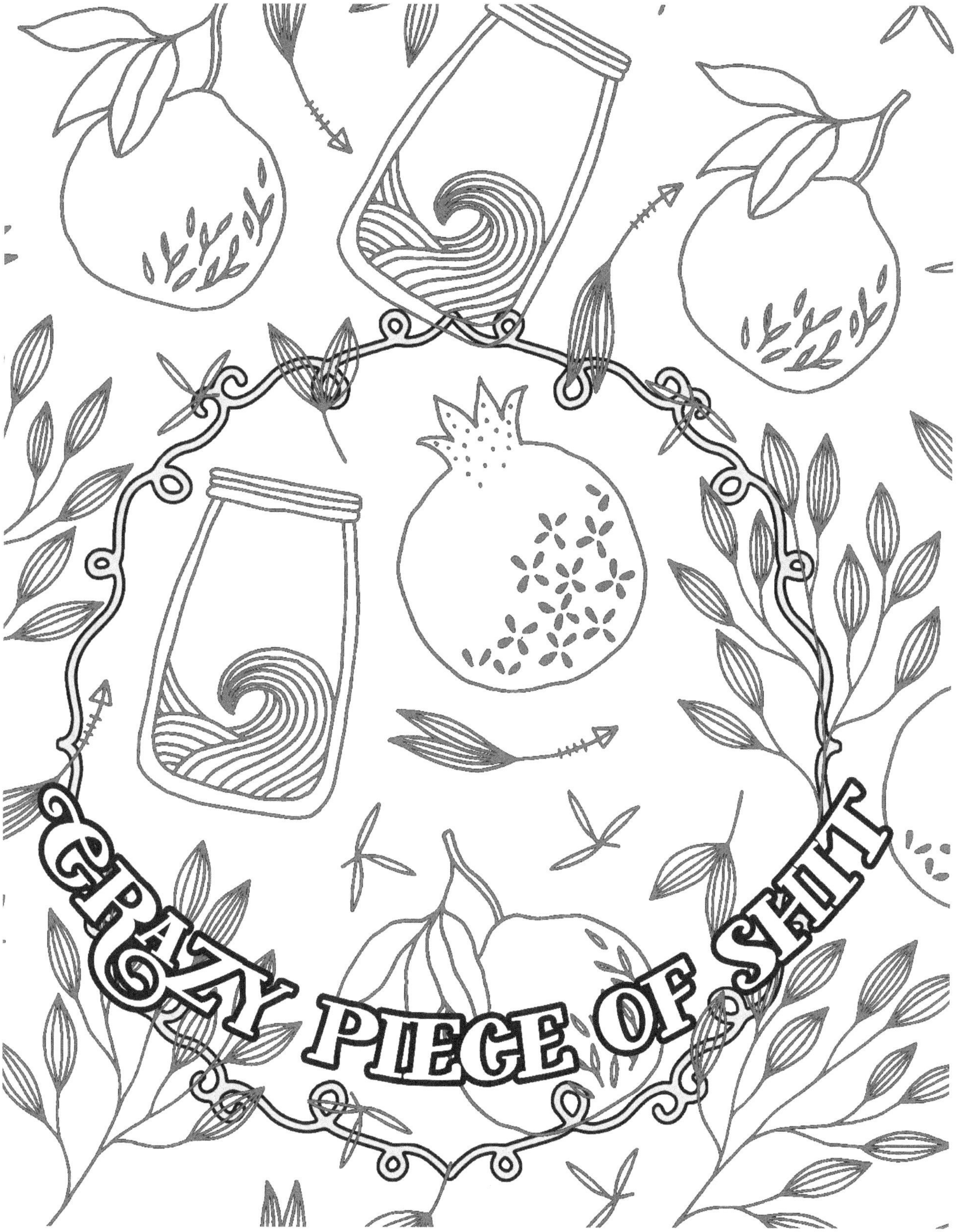
CRAZY PIECE OF SHIT

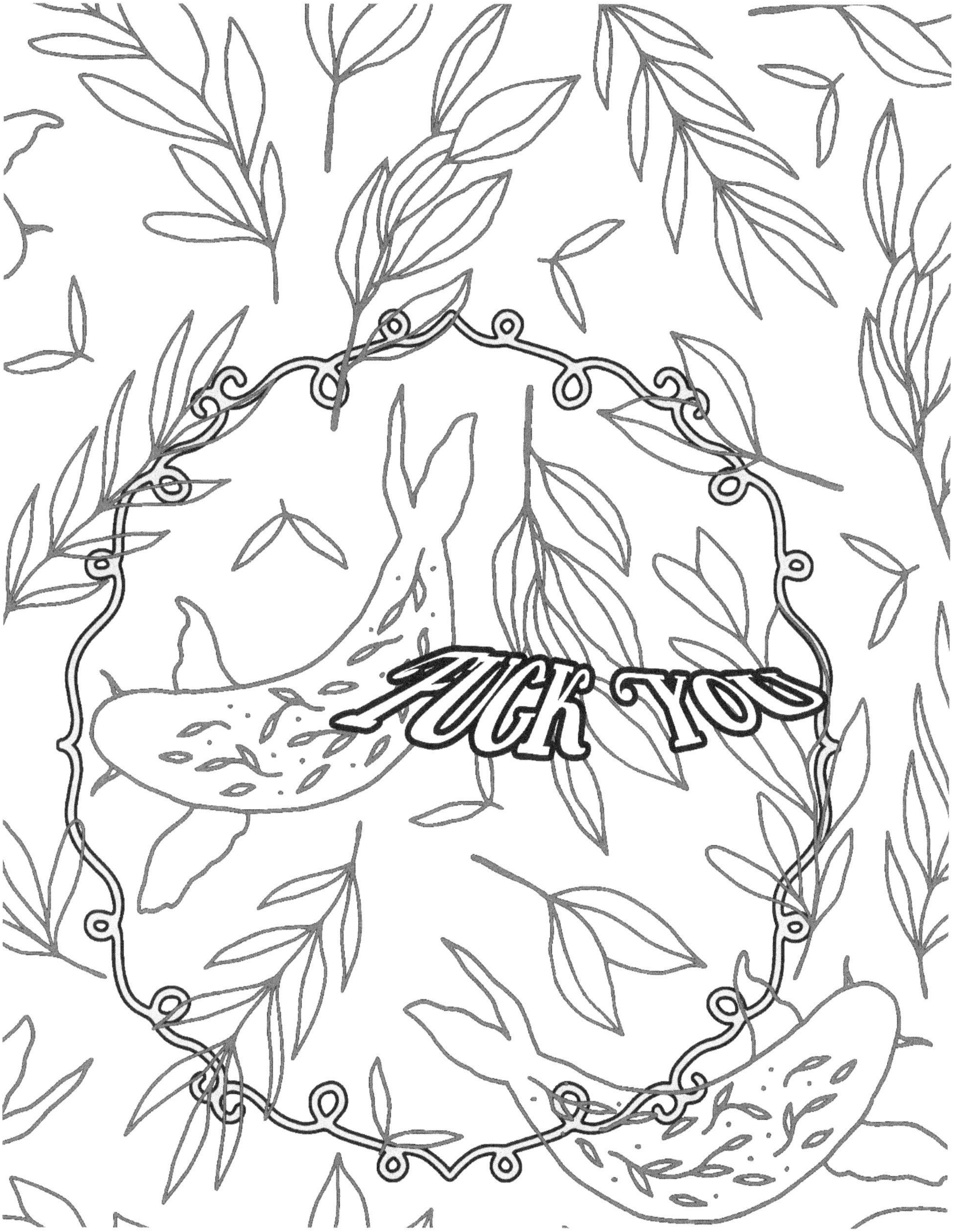
FUCK YOU

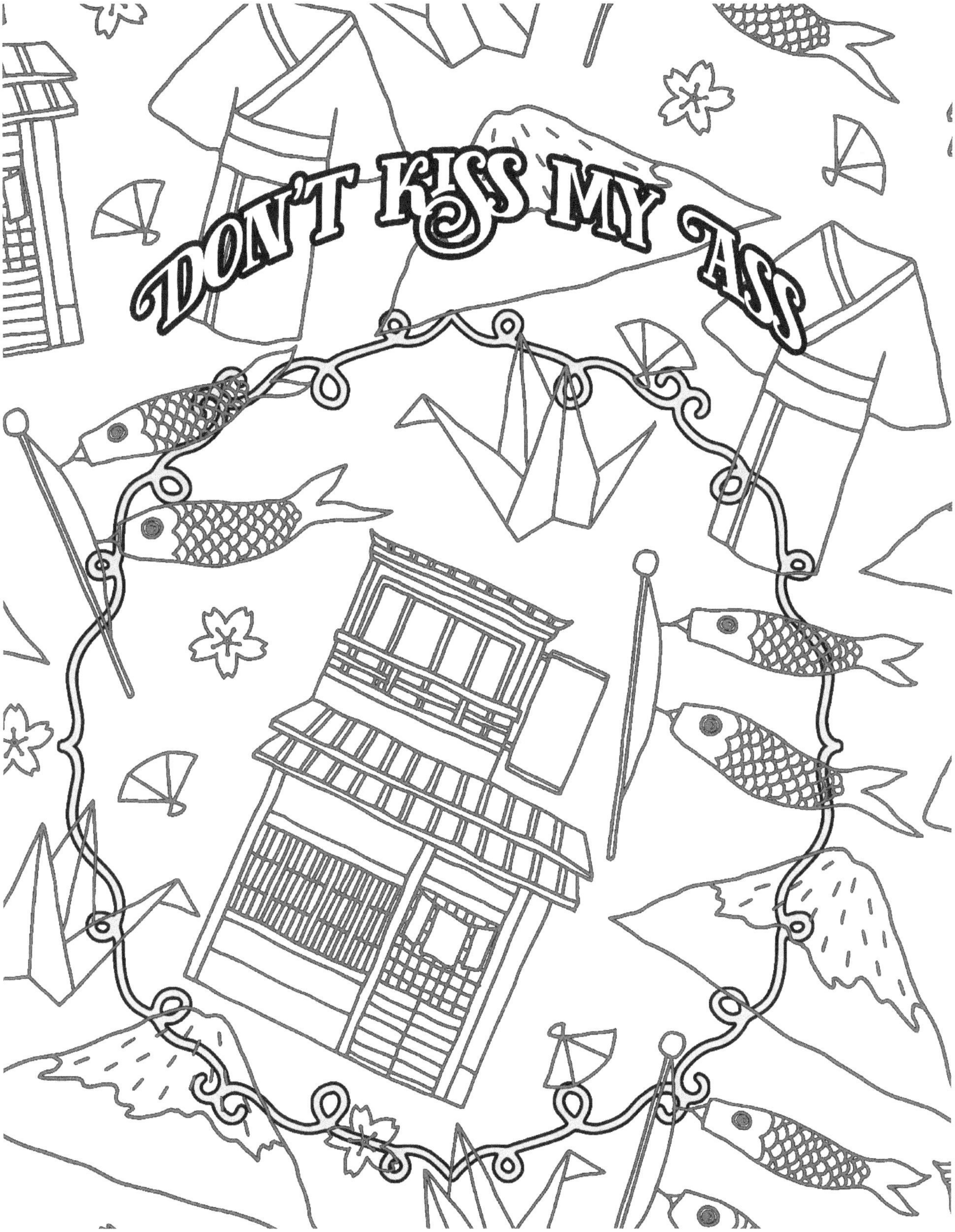
DON'T KISS MY ASS

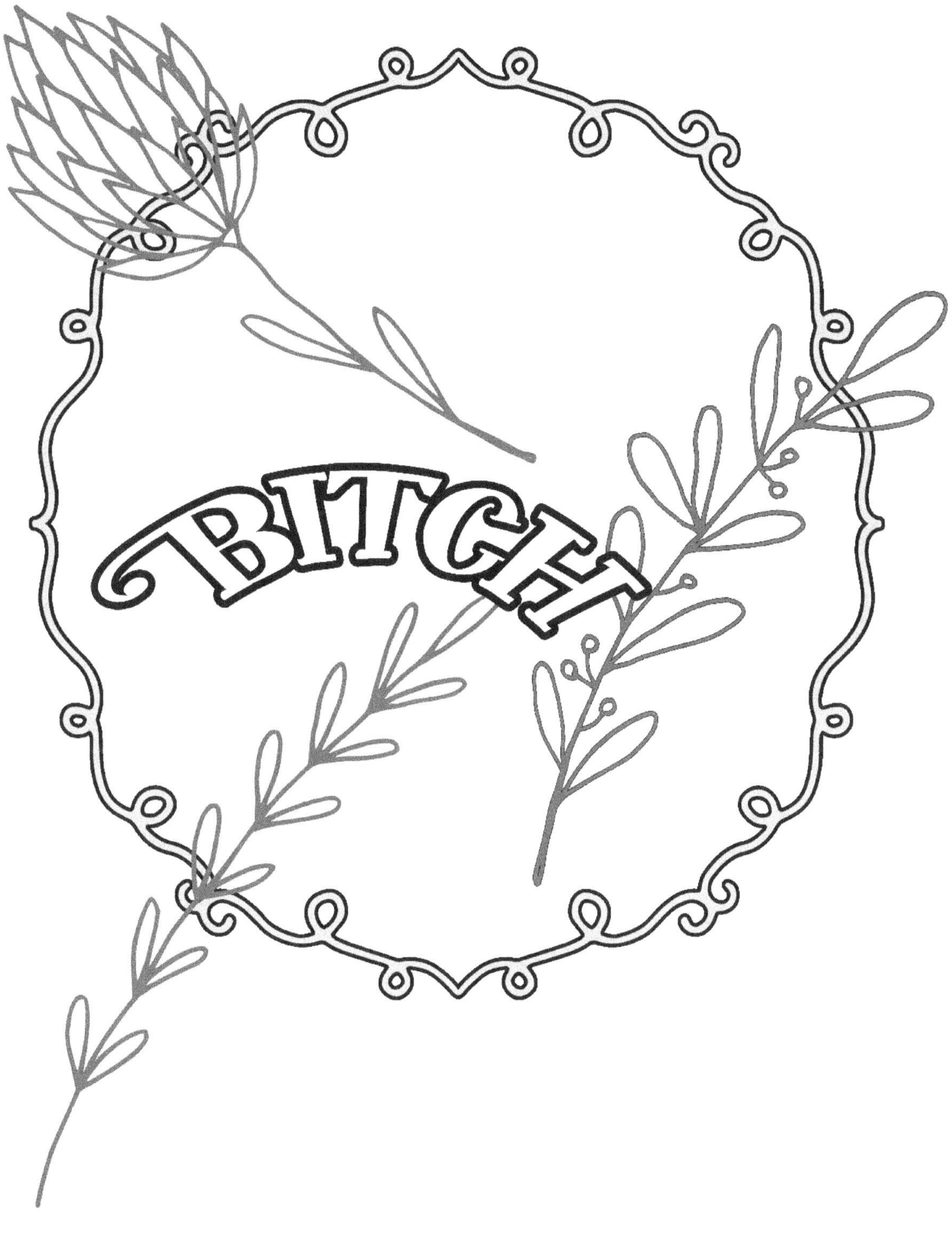
BITCH

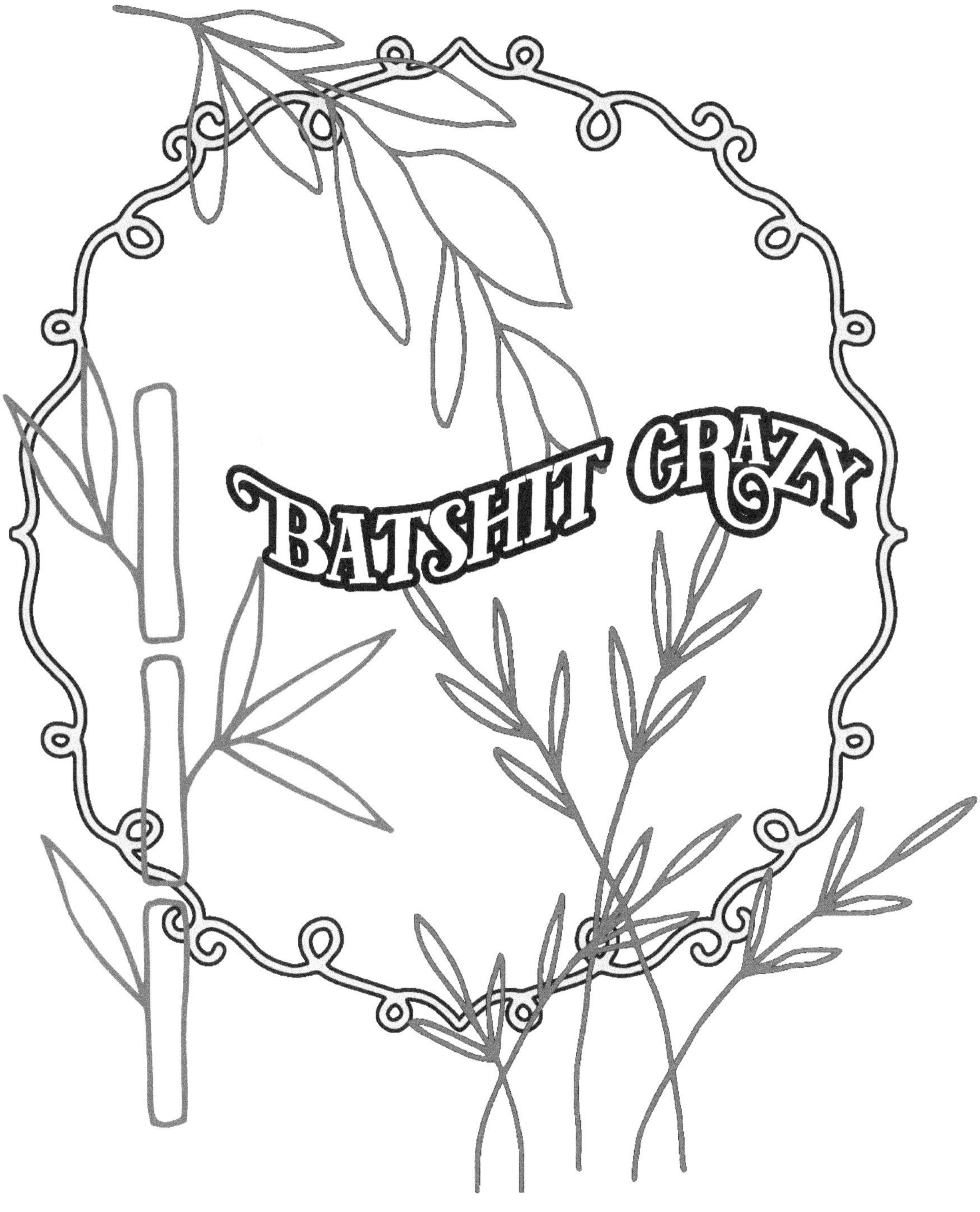
BATSHIT CRAZY

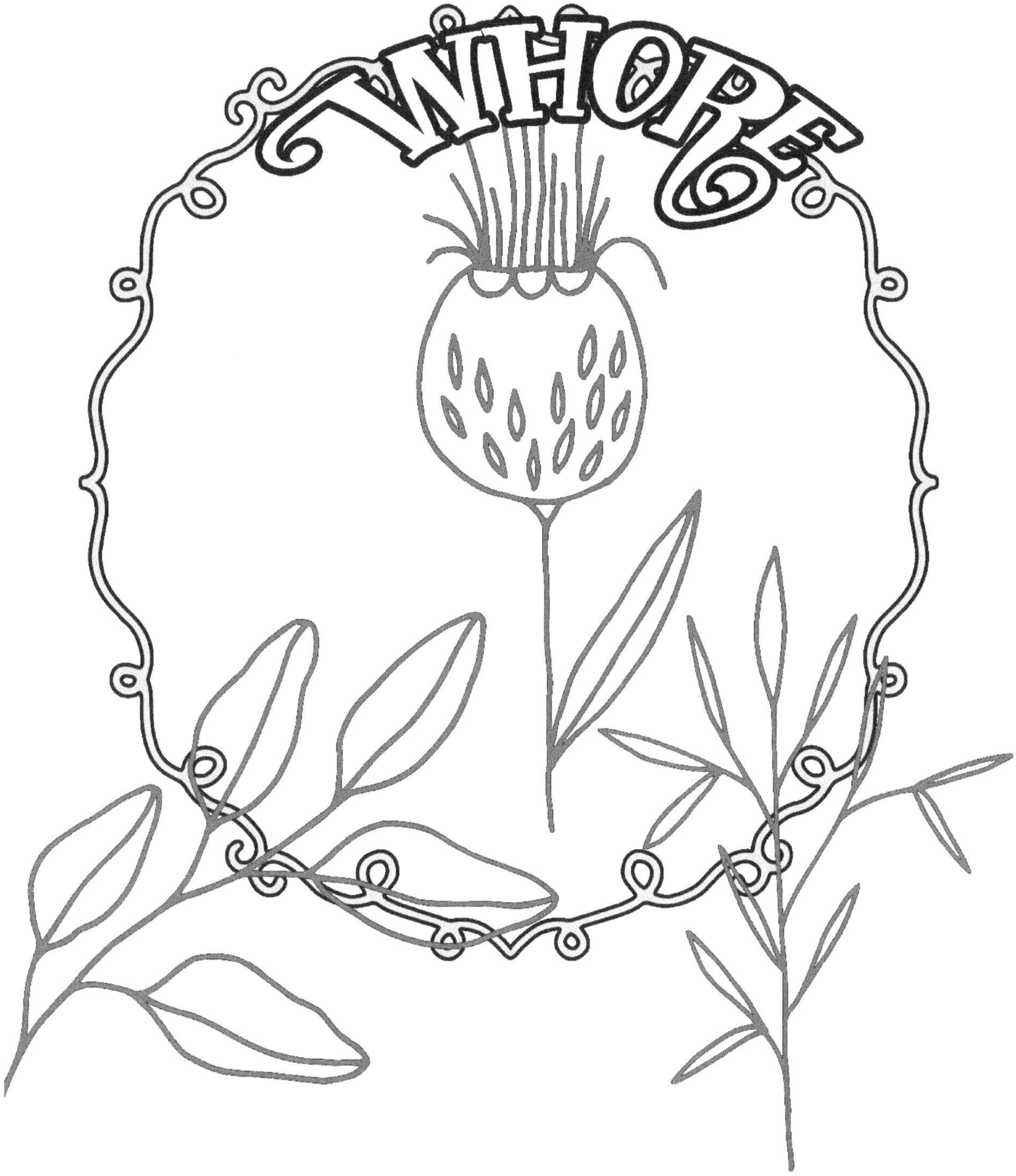
WHORE

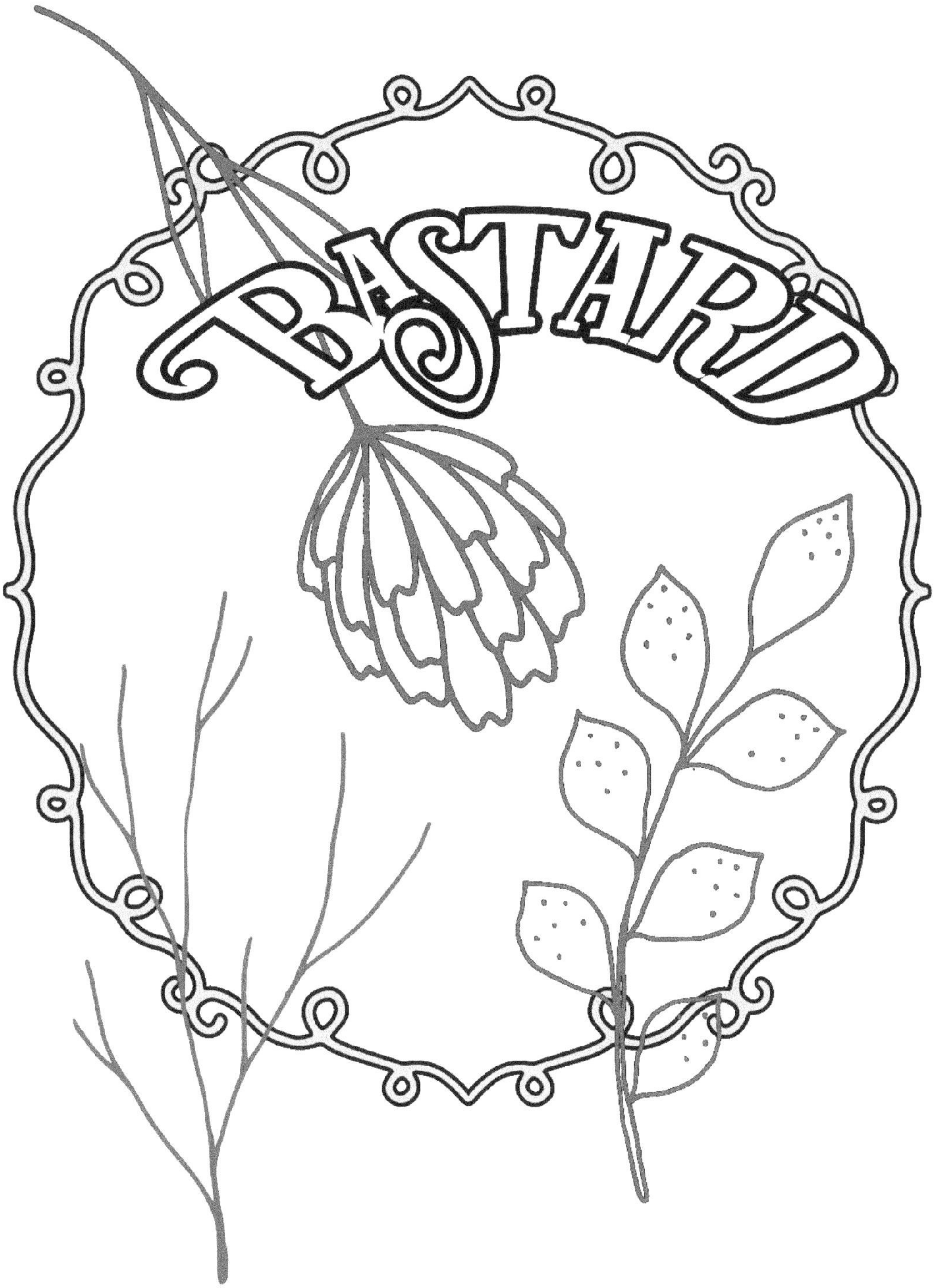
BASTARD

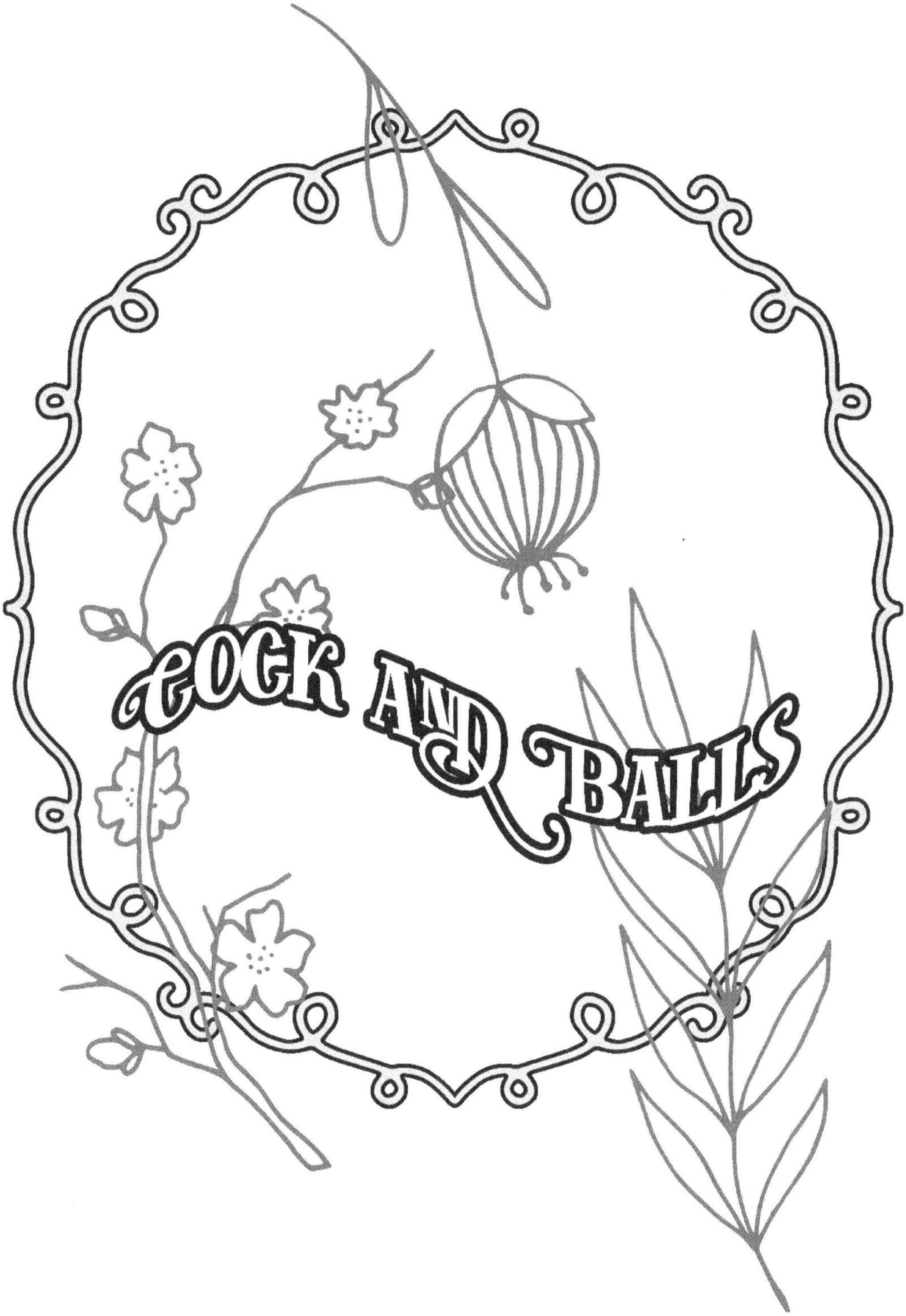
COCK AND BALLS

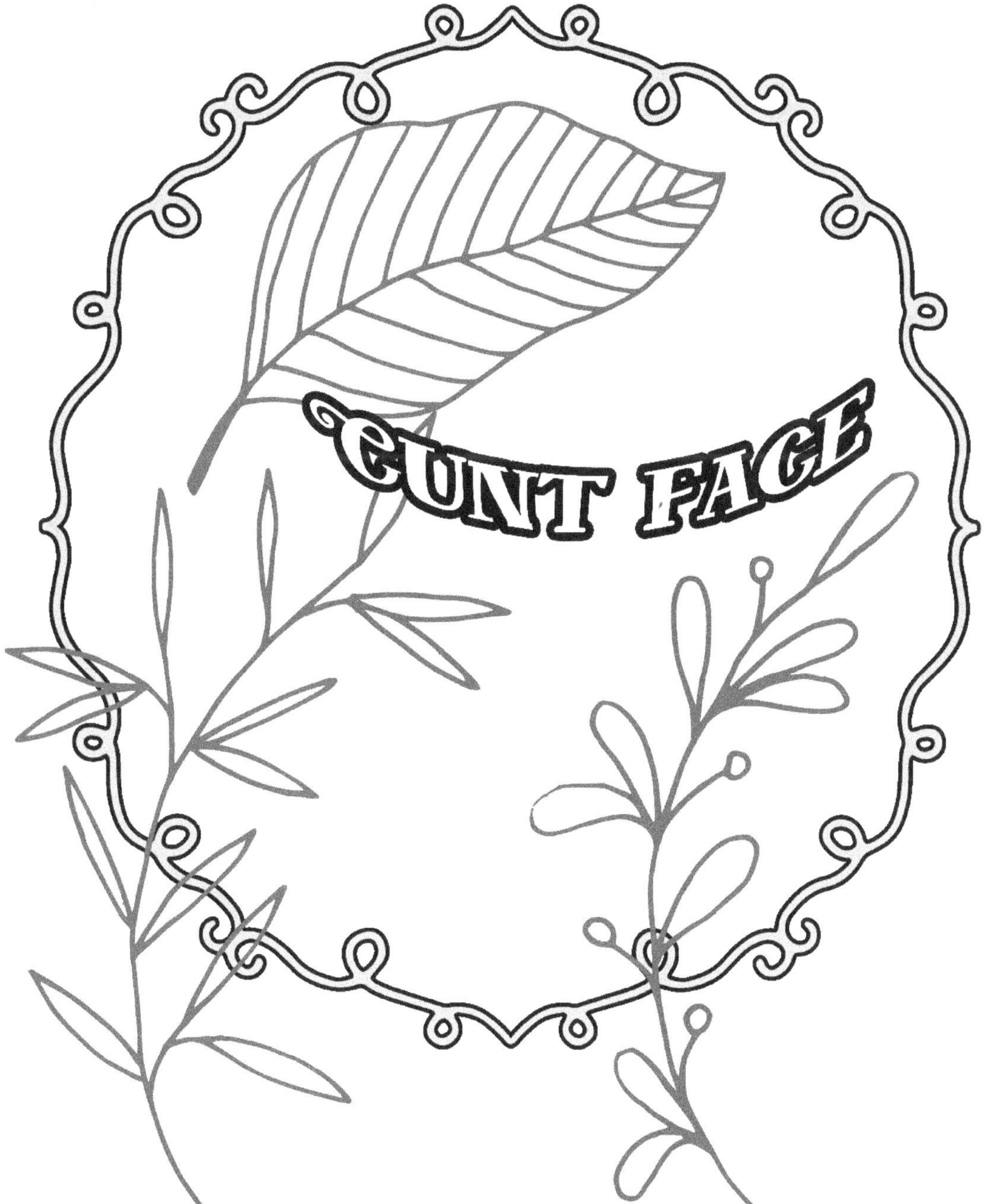
CUNT FACE

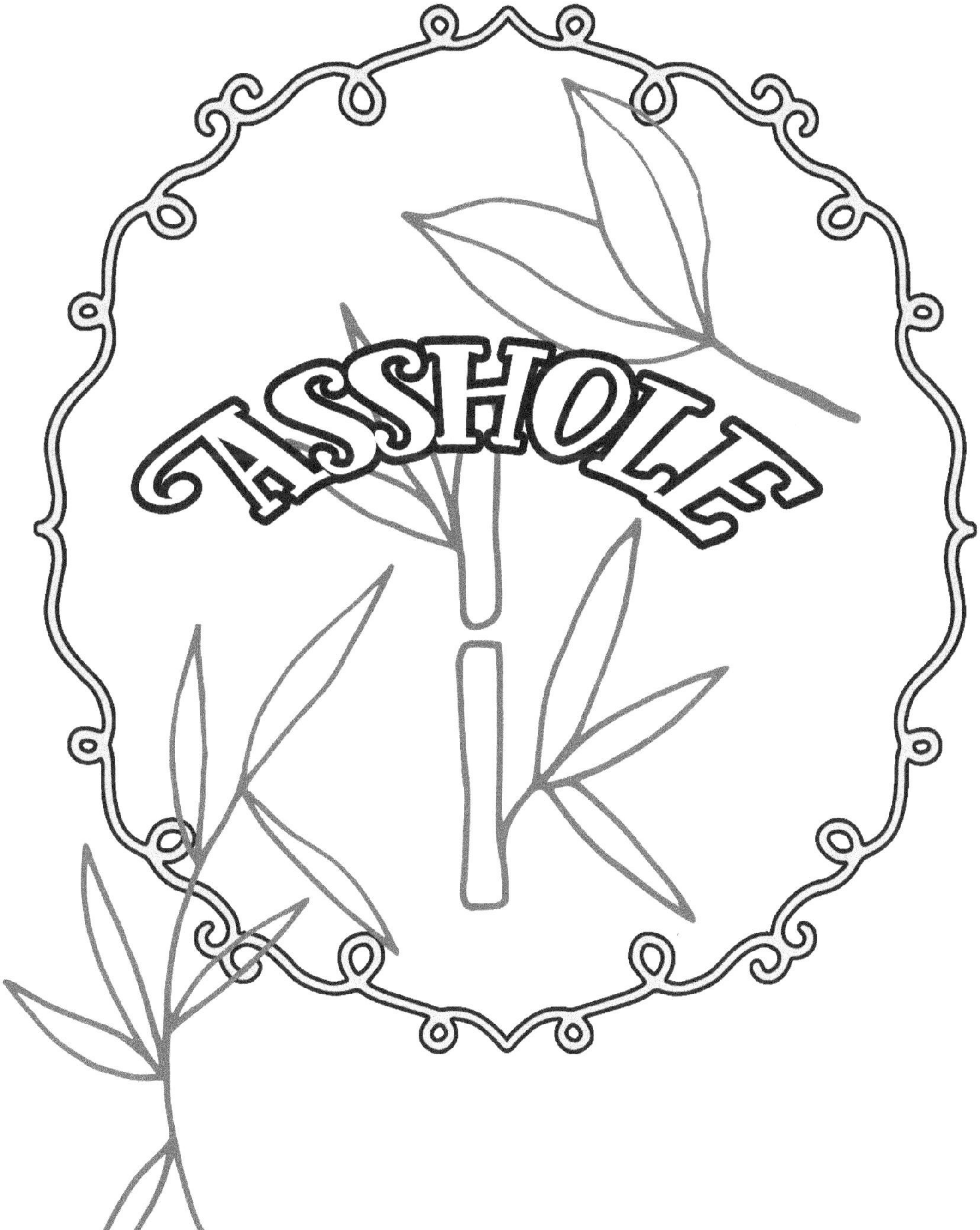
ASSHOLE

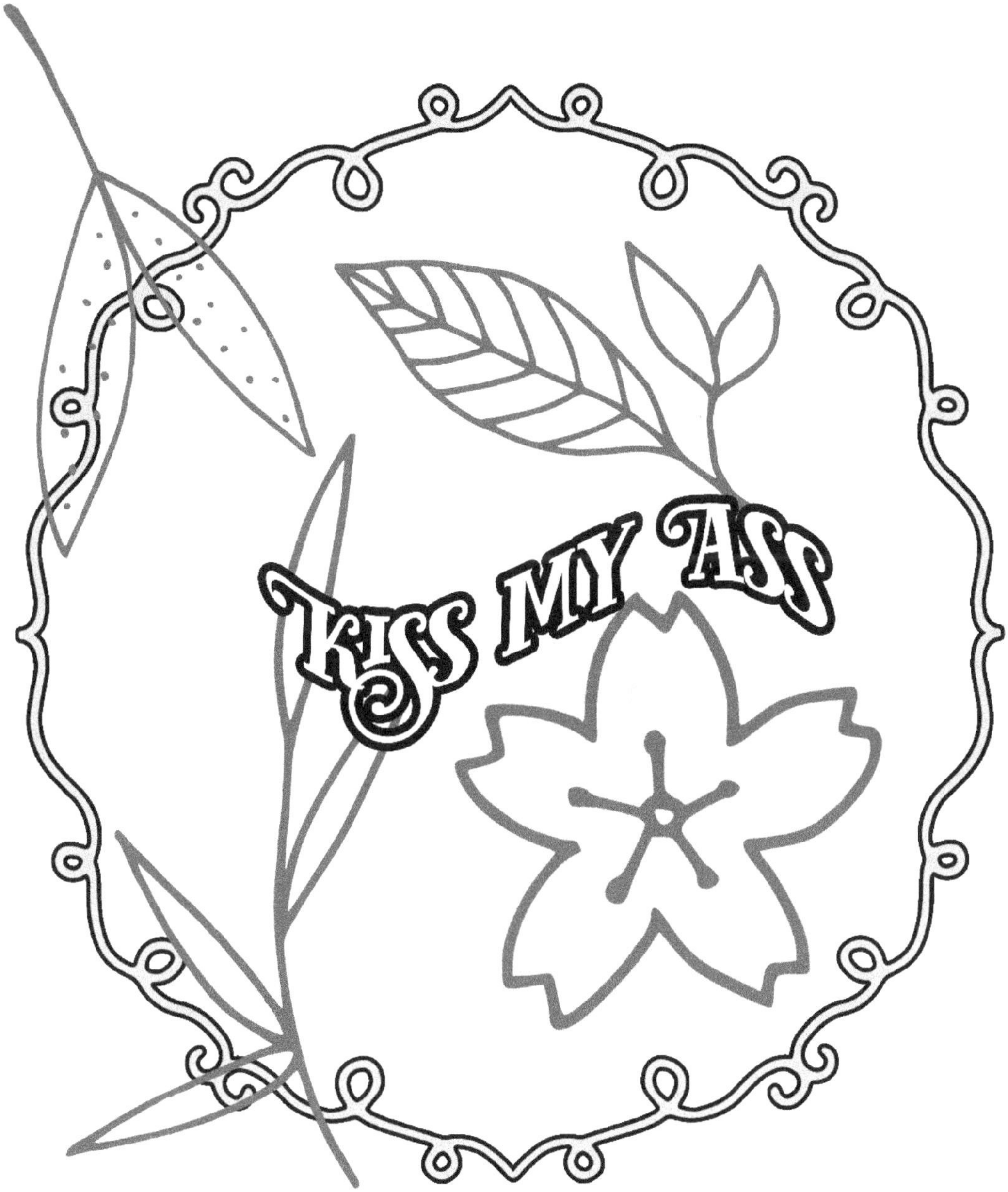
KISS MY ASS

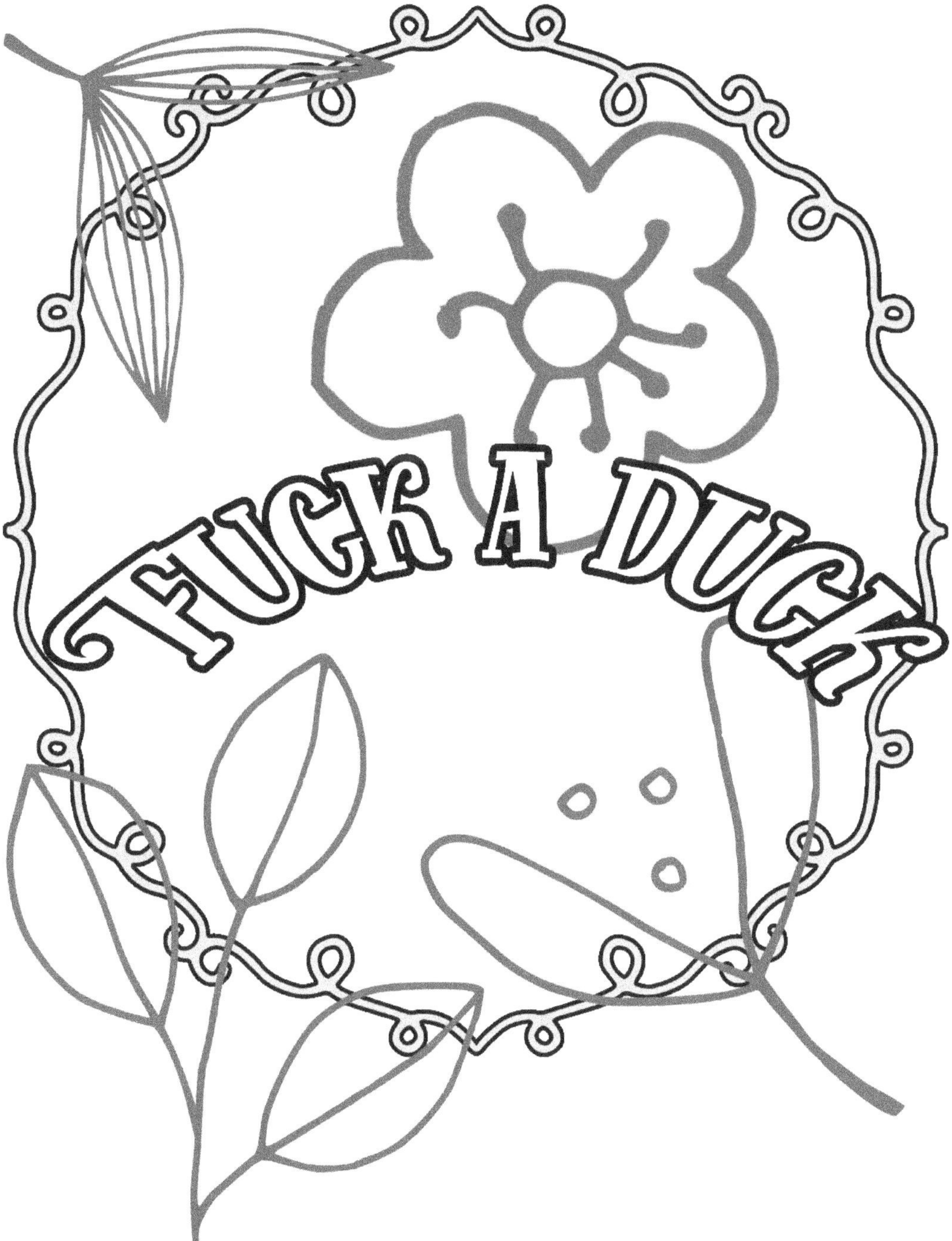
FUCK A DUCK

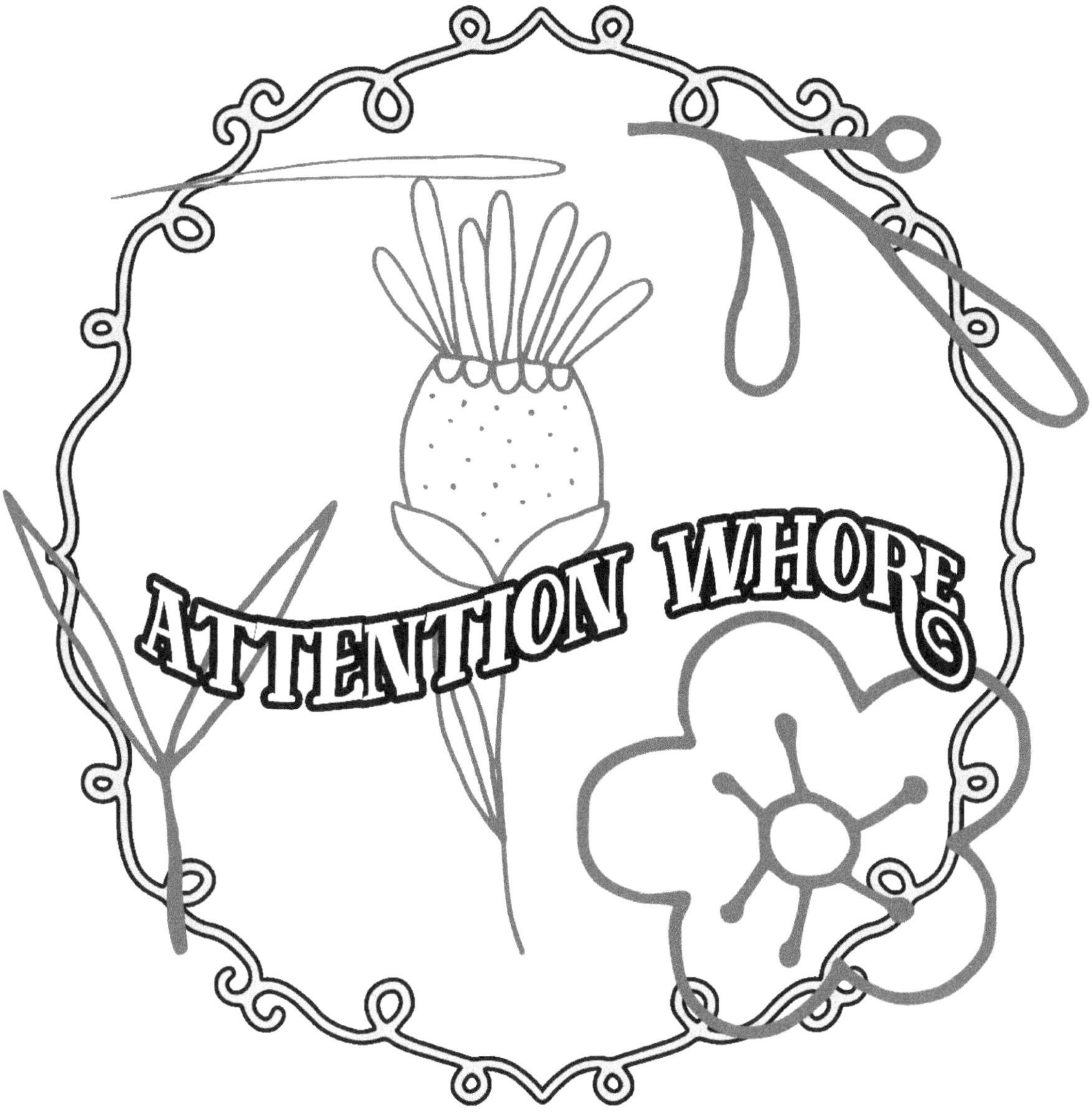
ATTENTION WHORE

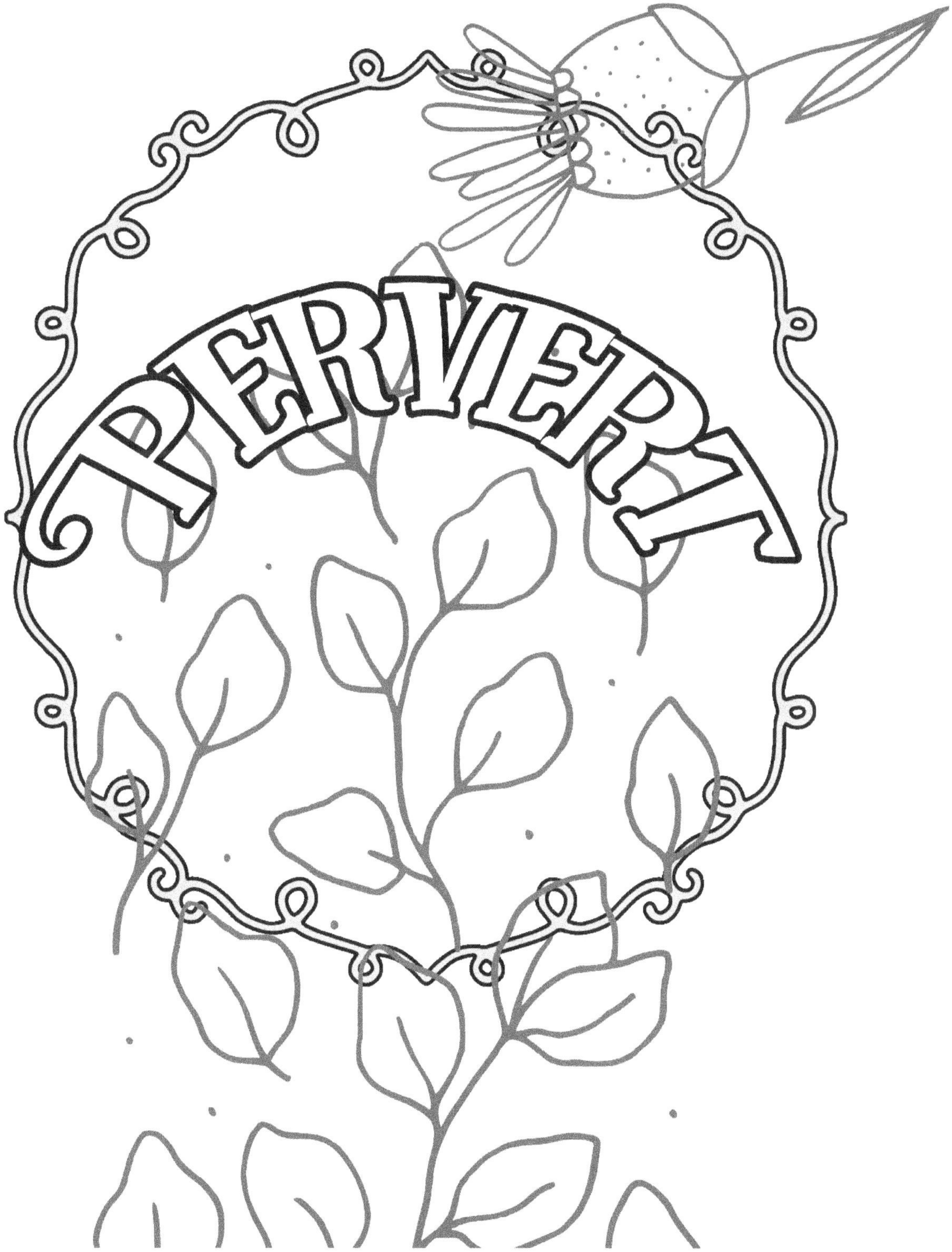
PERVERT

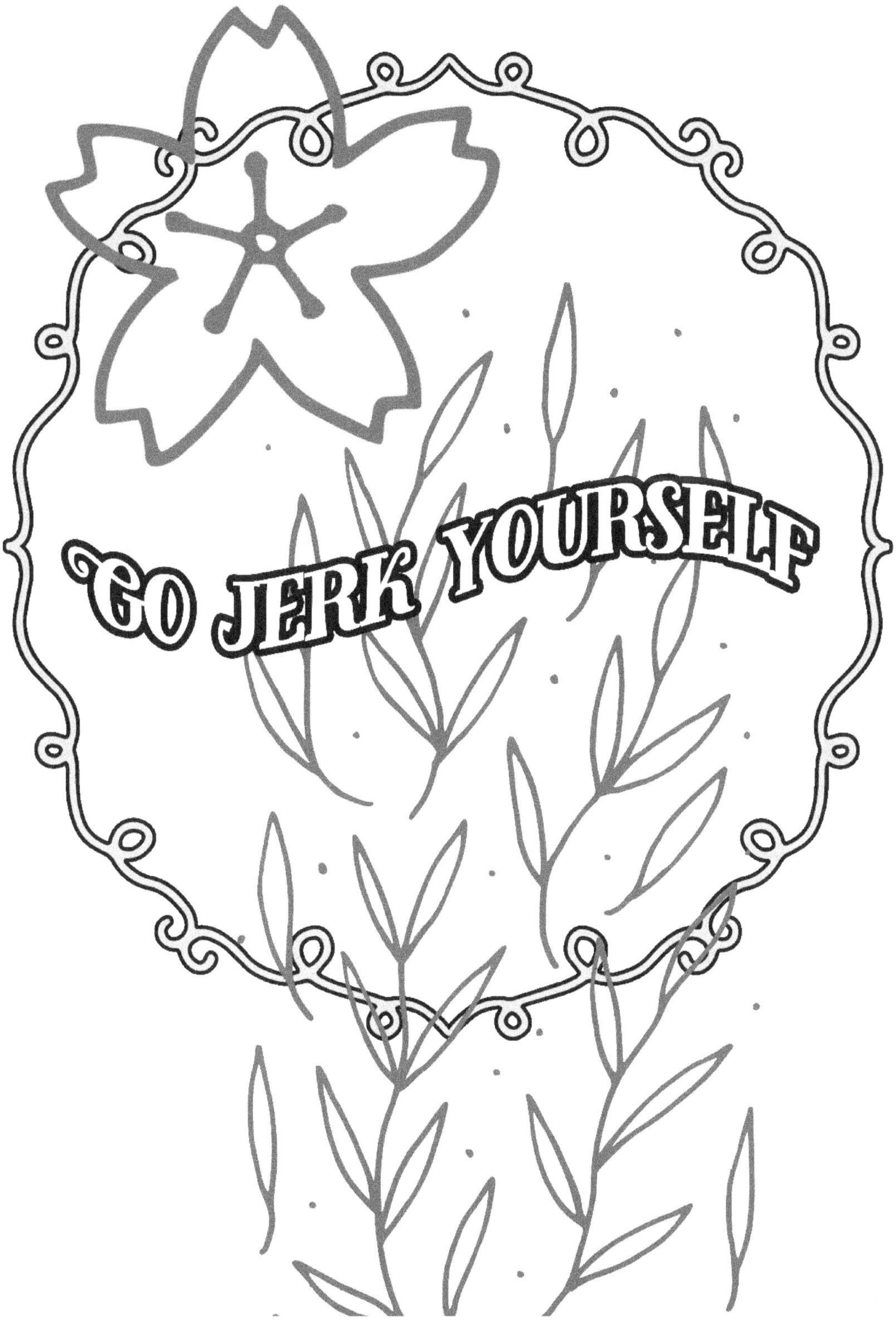
GO JERK YOURSELF

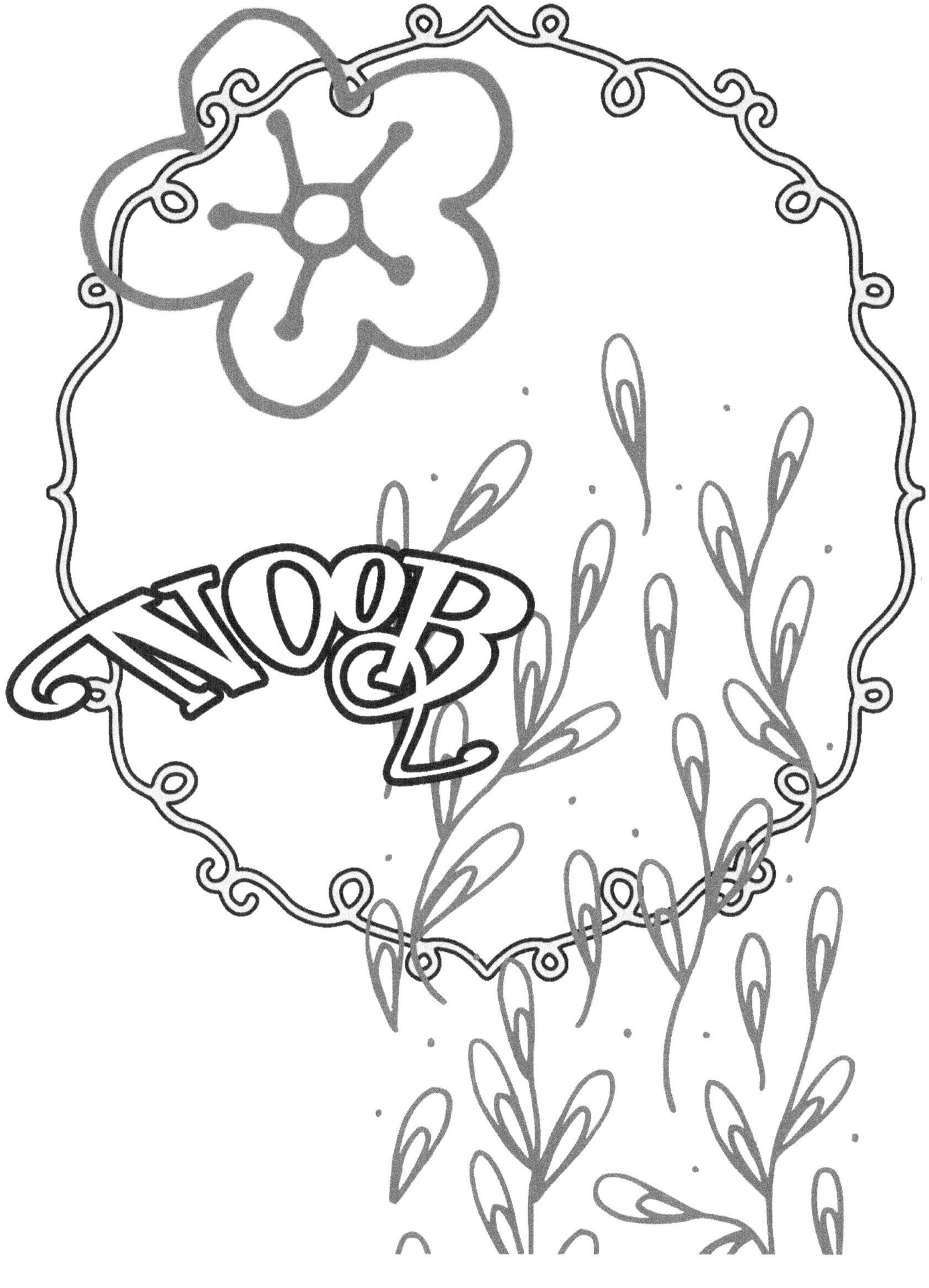
NOOB

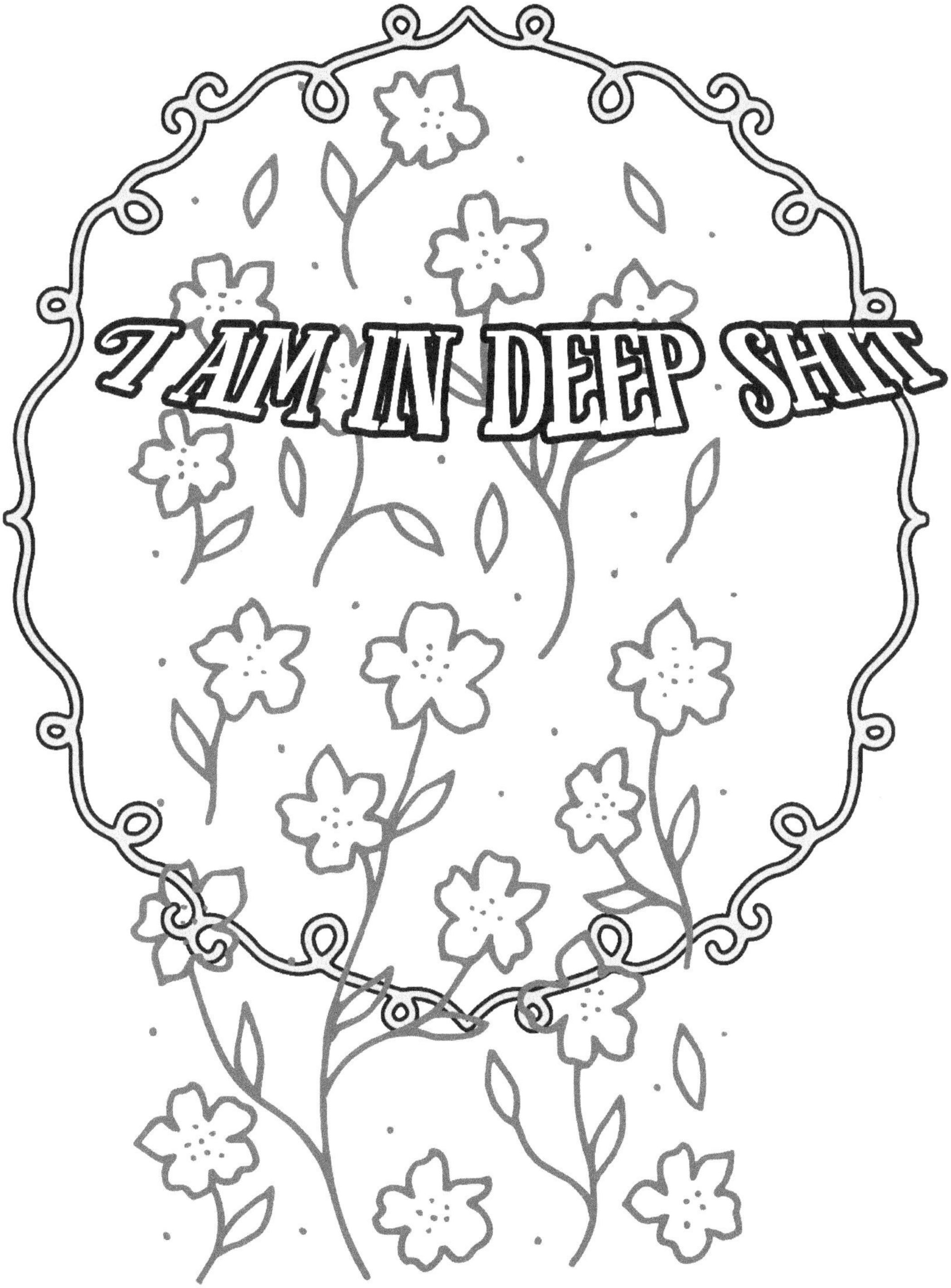
I AM IN DEEP SHIT

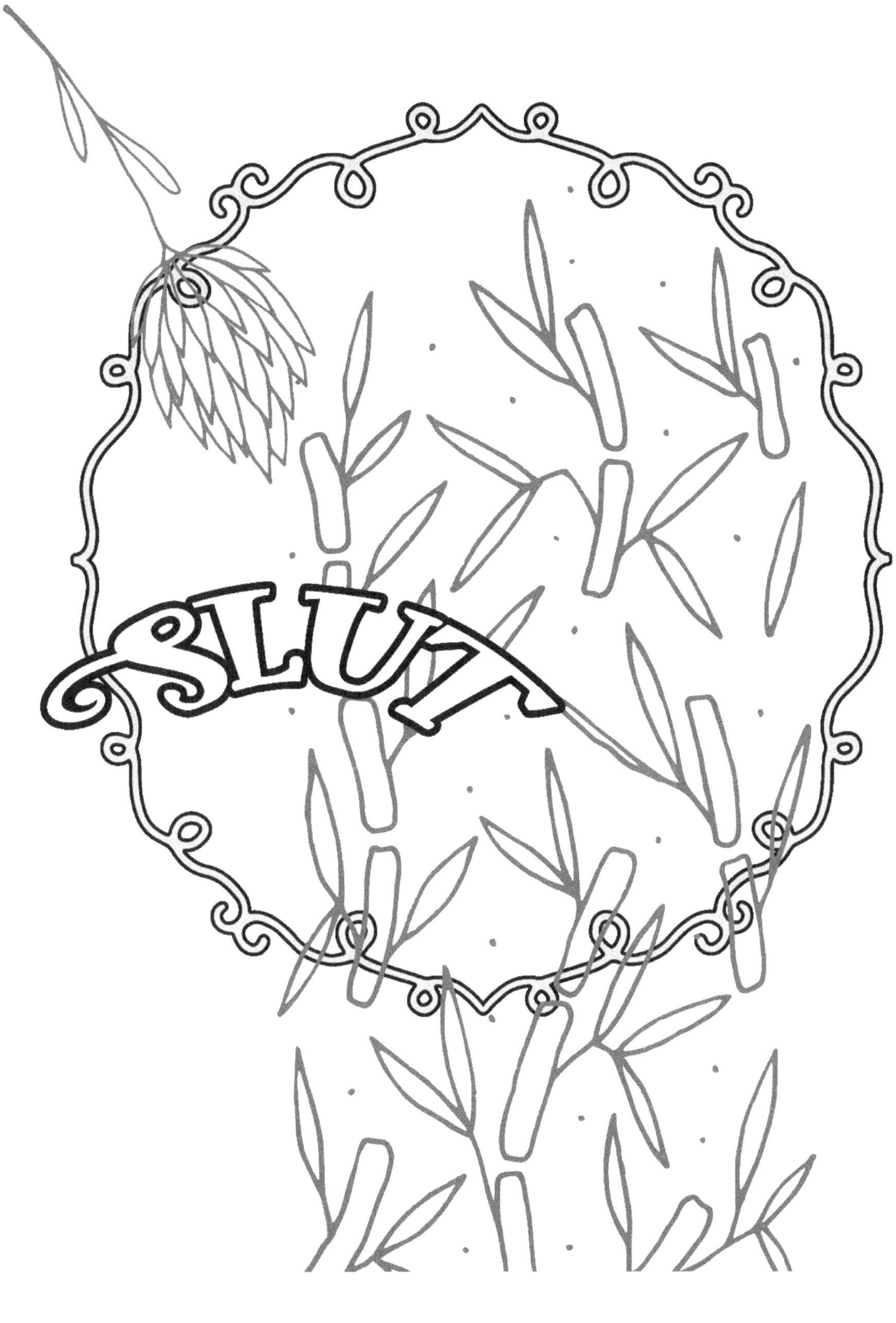
SLUT

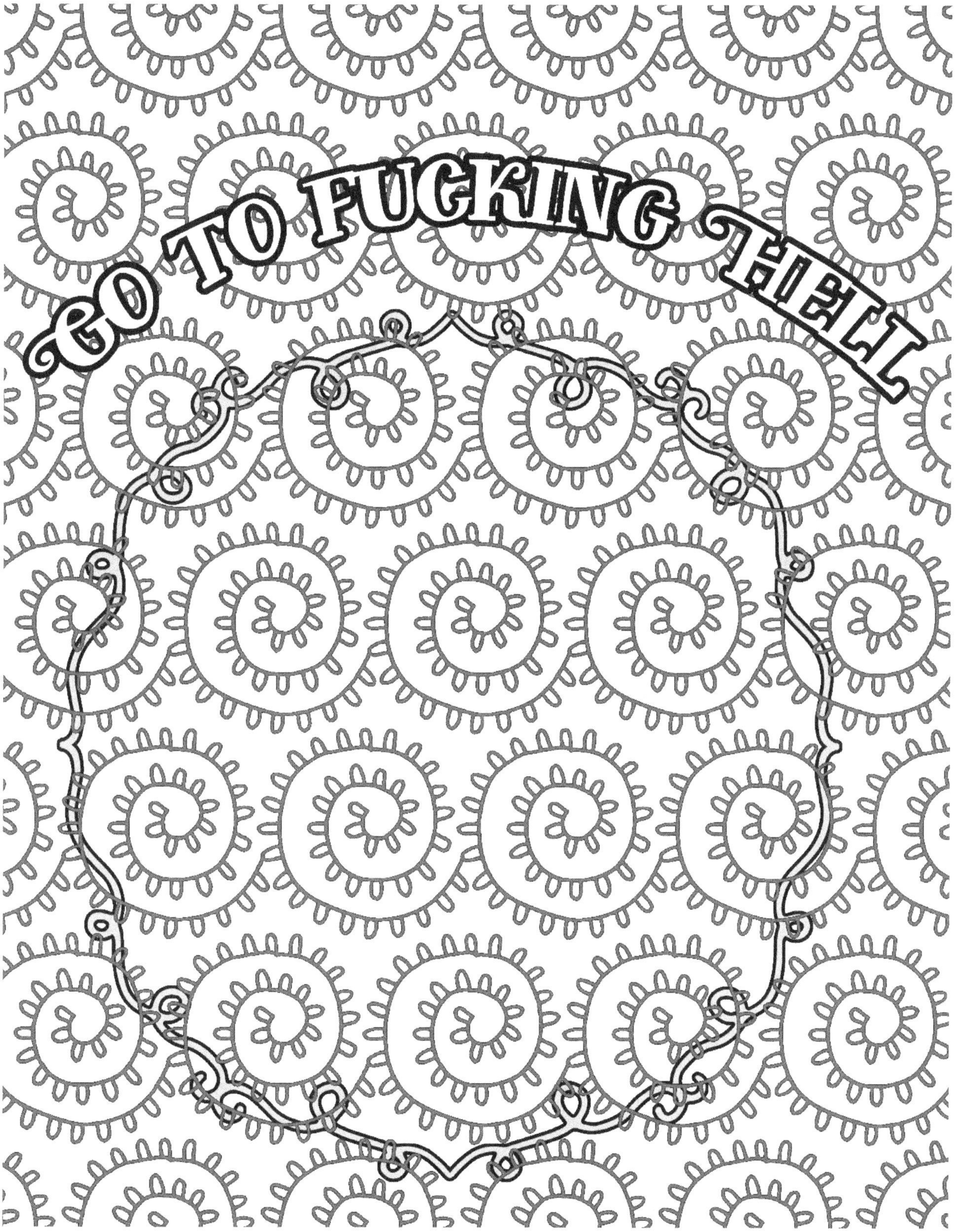
GO TO FUCKING HELL

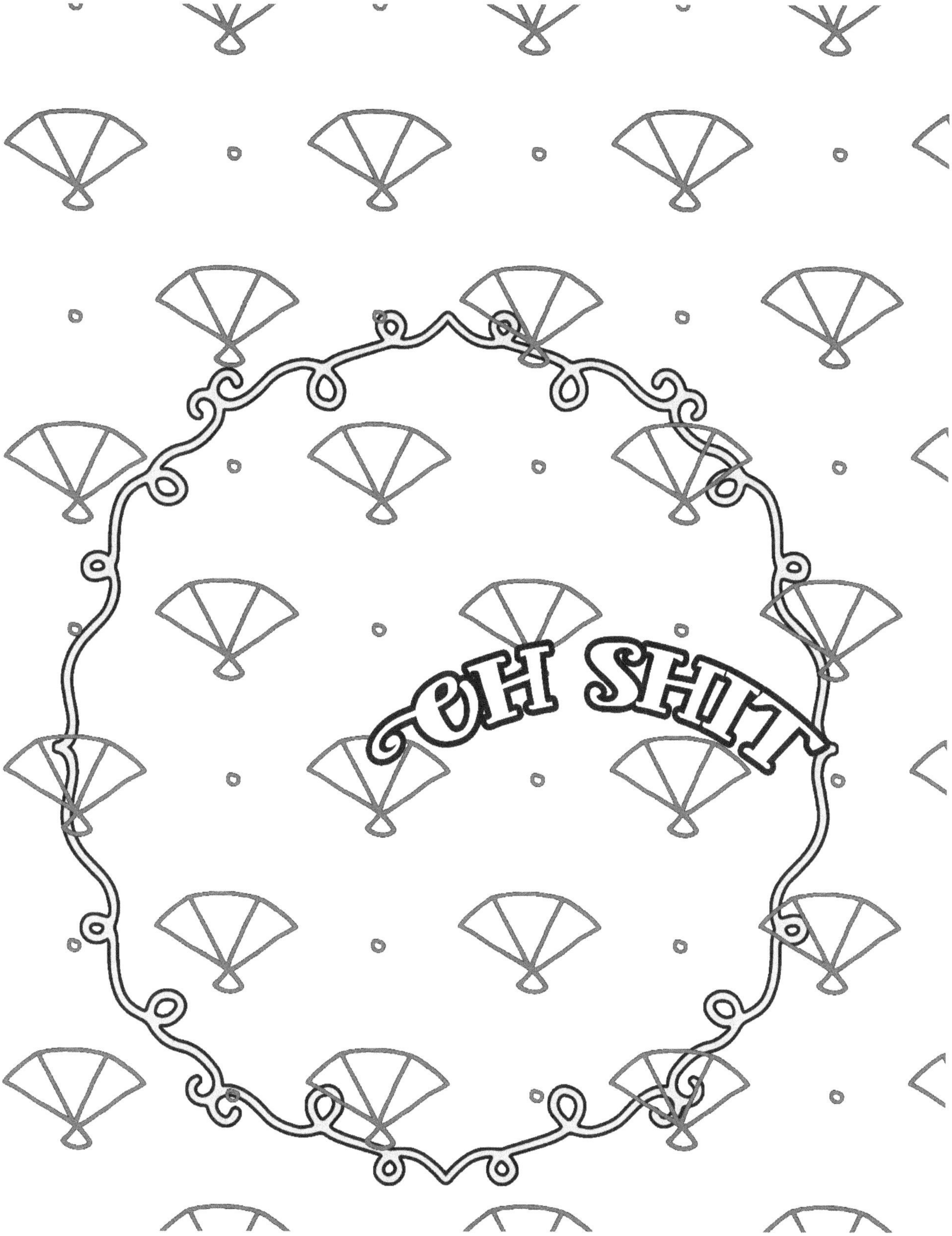
OH SHIT

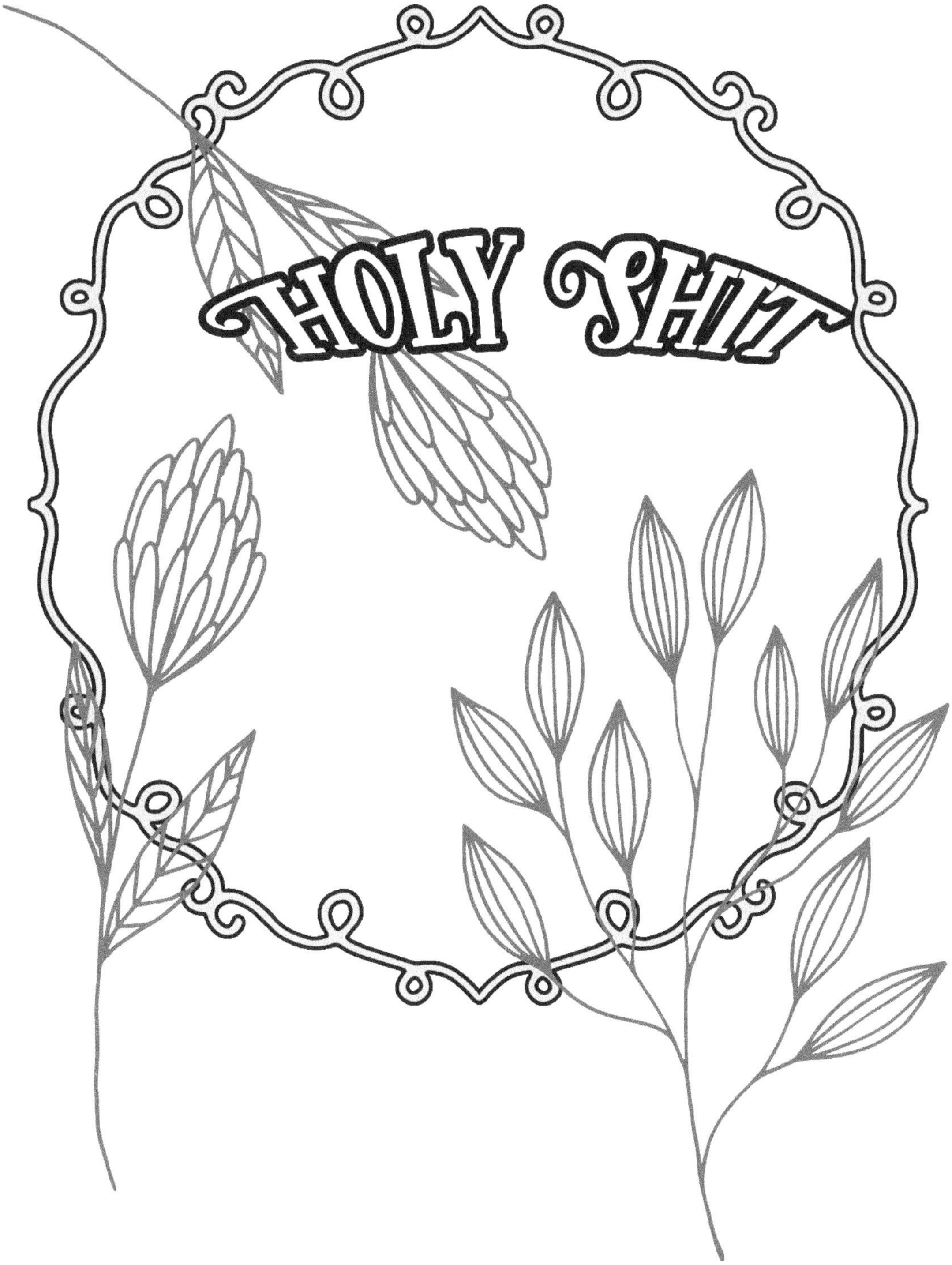
HOLY SHIT

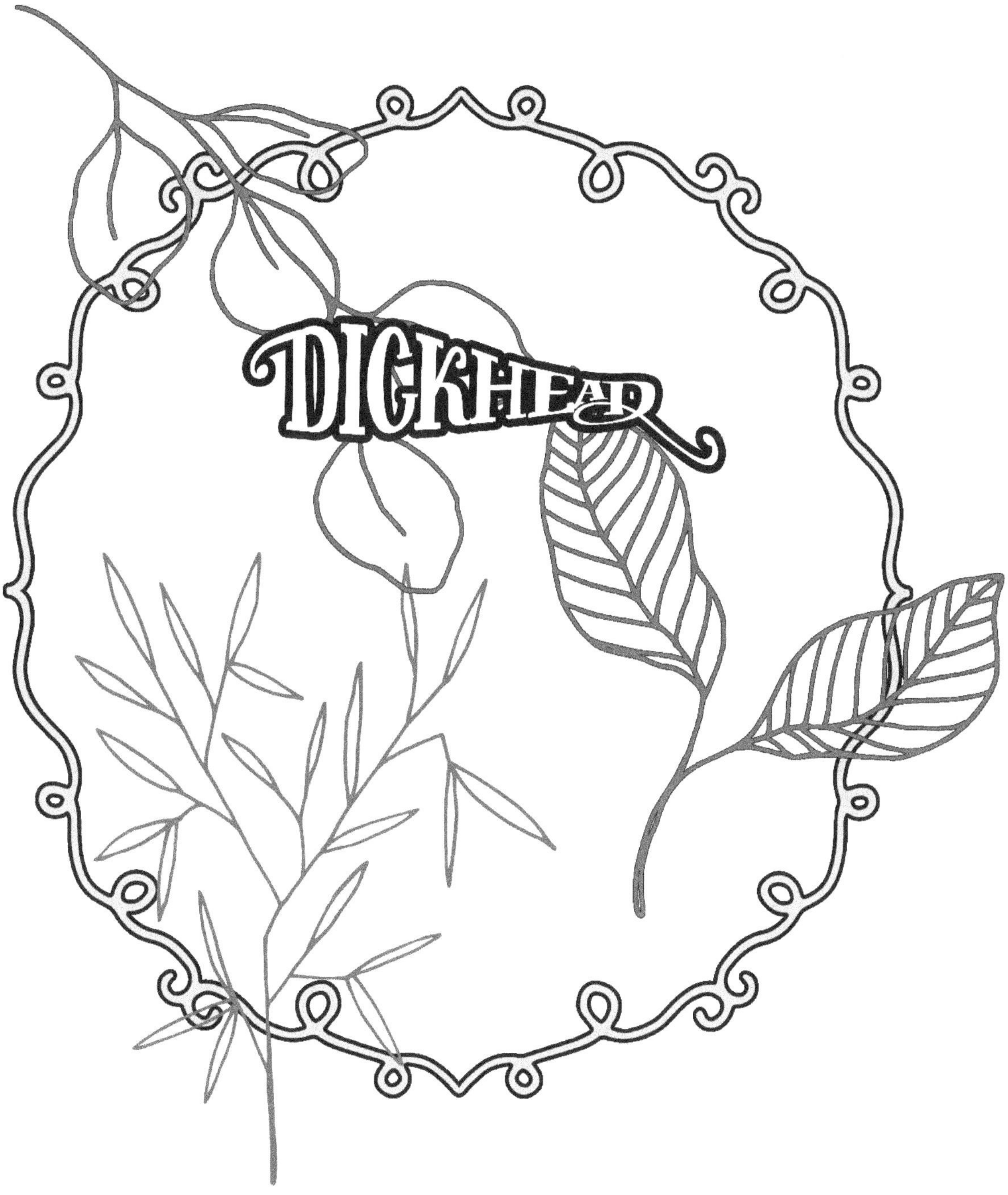
DICKHEAD

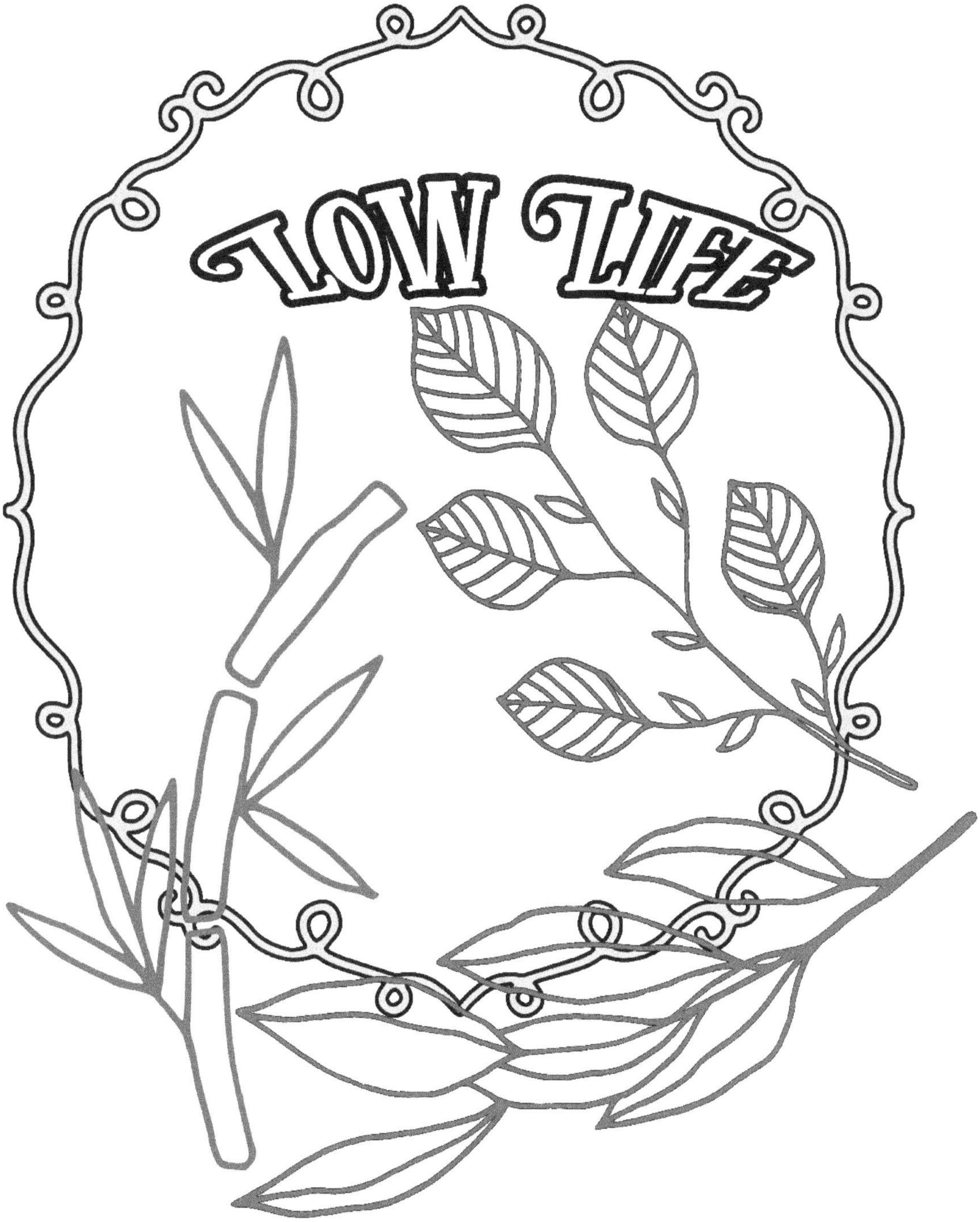
LOW LIFE

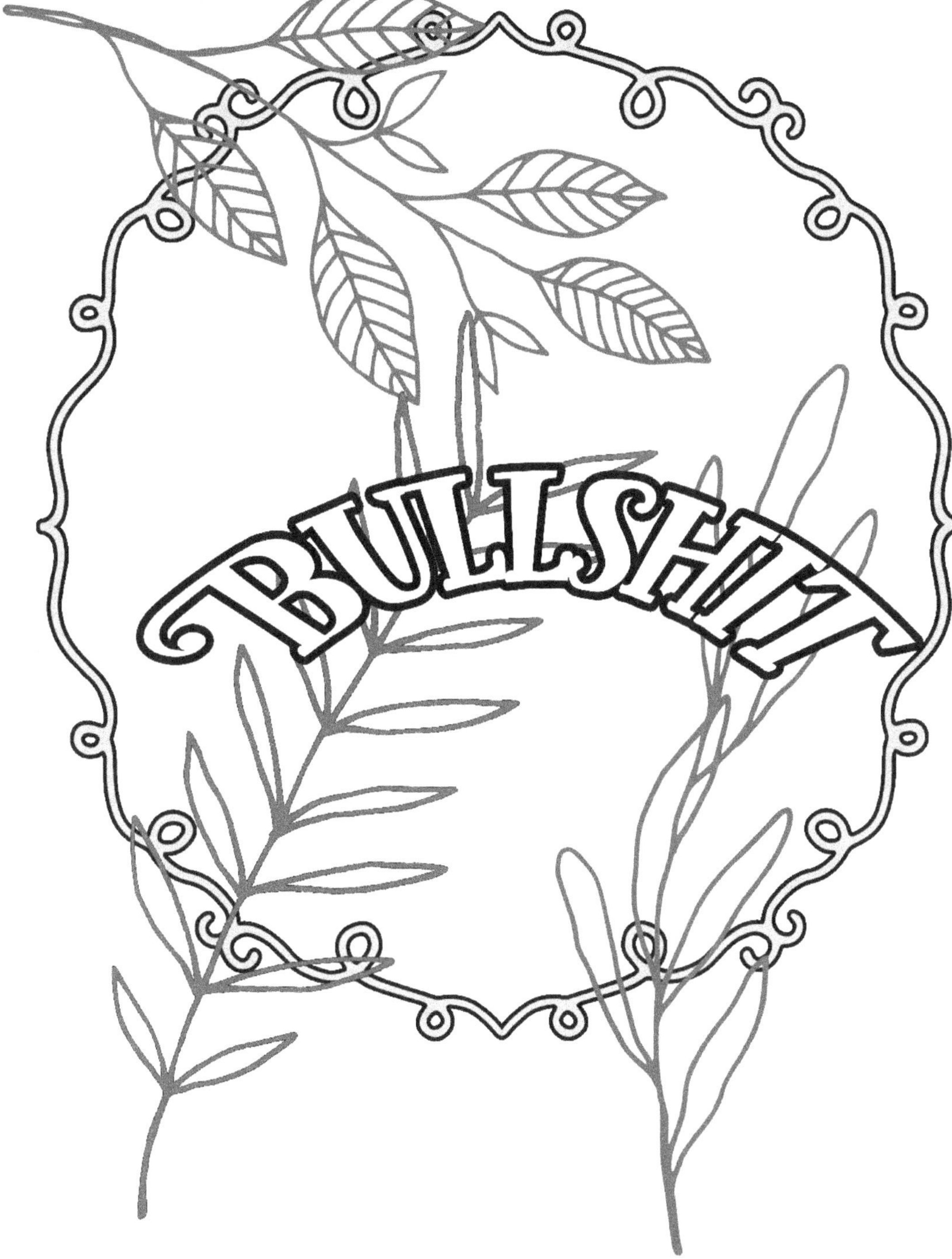
BULLSHIT

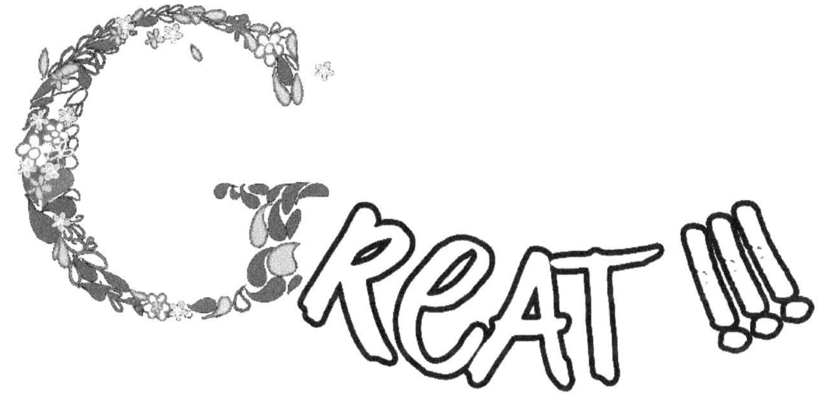
GREAT !!!

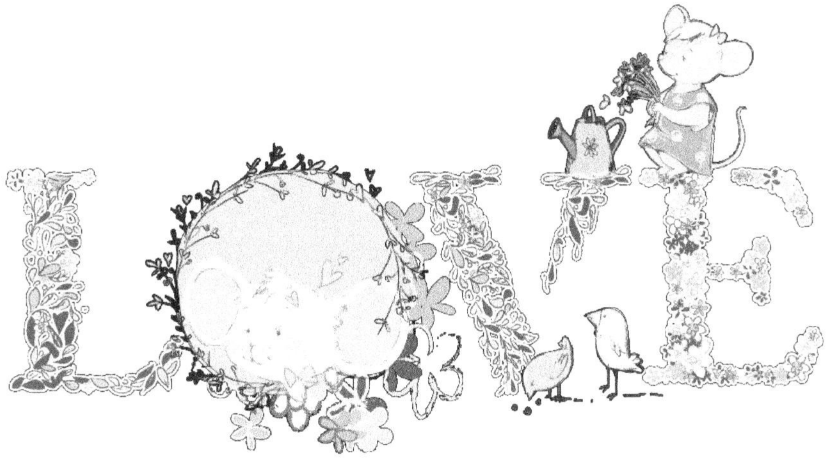
LOVE

www.ingramcontent.com/pod-product-compliance
Lightning Source LLC
Chambersburg PA
CBHW081619220526
45468CB00010B/2941
* 9 7 8 1 7 9 9 2 7 9 7 6 1 *